APRENDIENDO HEBREO:
Ropa

Libro de Actividades para Principiantes

Aprendiendo Hebreo: Ropa Libro de actividades para principiantes

Todos los derechos reservados. Al comprar este Libro de actividades, el comprador puede copiar las hojas de actividades solo para uso personal y en el aula, pero no para reventa comercial. Con la excepción de lo anterior, este Libro de actividades no puede reproducirse total o parcialmente de ninguna manera sin el permiso por escrito del editor.

Bible Pathway Adventures® es una marca registrada de BPA Publishing Ltd.
Defenders of the Faith® es una marca registrada de BPA Publishing Ltd.

ISBN: 978-1-989961-66-7

Autora: Pip Reid
Director Creativo: Curtis Reid

Para obtener recursos bíblicos gratuitos y Paquetes para Maestros, incluyendo páginas para colorear, hojas de trabajo, exámenes y más, visite nuestro sitio web en:

shop.biblepathwayadventures.com

Introducción para los Padres

Diviértete enseñándoles a tus hijos los nombres hebreos de la ropa con nuestro *Libro de Actividades Aprendiendo Hebreo: Ropa*. Desde unas botas hasta la camisa, de la chaqueta al pantalón, tiene 23 palabras hebreas para enseñarles. Además, muchas oportunidades para que practiquen coloreando y escribiendo lo que han aprendido. ¡Tarjetas didácticas, actividades de trazado y páginas para colorear hacen que aprender hebreo sea divertido!

Este libro está diseñado para complementar la base aprendida en nuestro *Aprendiendo Hebreo: Libro de Actividades del Alfabeto*. Creamos ambos libros para ayudarte a enseñarles a tus hijos las bases del idioma hebreo de una forma divertida y creativa. Los niños expuestos al hebreo, especialmente aquellos que están expandiendo su conocimiento de la Torá, ganarán un mayor entendimiento bíblico y un amor más profundo por la Palabra de Yah.

Gracias por comprar este Libro de Actividades y apoyar a nuestro ministerio. Cada libro comprado nos ayuda a continuar con nuestro trabajo proporcionando recursos y enseñanzas gratis de discipulado a familias y misiones en todo el mundo.

¡La búsqueda de la Verdad es más divertida que la Tradición!

Tabla de Contenidos

Introducción 3
Este libro pertenece a… 5
¿Lo sabías? 6
La tabla del Alfabeto Hebreo 7

Sombrero 8
Guantes 10
Bufanda 12
Abrigo 14
Medias 16
Zapatos 18
Botas 20
Chaqueta 22
Pantalón de Mezclilla 24
Vestido 26
Camiseta 28
Pijama 30
Falda 32
Chaleco 34
Suéter 36
Cárdigan 38
Camisa 40
Playera 42
Pantalones 44
Cinturón 46
Traje de baño 48
Corbata 50
Sari 52

Traza las palabras 54
Tarjetas didácticas 60

¡Descubre más Libros de Actividades! 72

¿Lo sabías?

El Hebreo se escribe y se lee de derecha a izquierda.

El Hebreo es uno de los idiomas originales de la Biblia.

El alfabeto Hebreo tiene veintidós letras.

El Alfabeto Hebreo no tiene vocales.

Cuando aprendes Hebreo, las vocales se añaden a las palabras en la forma de pequeños puntos. Estos aparecen arriba, abajo o dentro de una letra. Este sistema de puntos y rayas (llamado nikkudot o nikkud) te muestra cómo pronunciar una palabra Hebrea.

El Alfabeto Hebreo

	Moderno	Paleo	Pictográfico
Alef	א		
Bet	ב		
Guimel	ג		
Dálet	ד		
Hei	ה		
Vav	ו		
Zayn	ז		
Jet	ח		
Tet	ט		
Yod	י		
Kaf	כ		
Lamed	ל		
Mem	מ		
Nun	נ		
Sámej	ס		
Ayin	ע		
Pei	פ		
Tzadi	צ		
Kof	ק		
Resh	ר		
Shin	ש		
Tav	ת		

✦ Kova ✦

La palabra hebrea para sombrero es kova. Cuando los Israelitas iban al exterior, envolvían su cabello en un trozo de tela. Esta tela mantenía el cabello en su lugar y cubría la cabeza en climas calientes.

kova
(Koh-VAH)
כּוֹבַע
sombrero

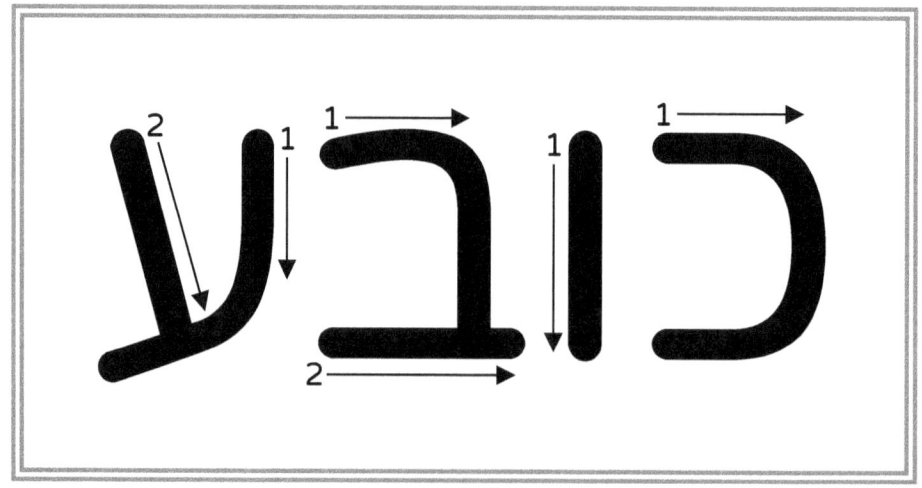

¡Vamos a escribir!

Practica escribiendo esta palabra hebrea en las líneas de abajo.

כובע

כובע

Prueba hacerlo por tu cuenta.
Recuerda que el Hebreo se lee de DERECHA a IZQUIERDA.

Kefafot

La palabra hebrea para guantes es kefafot. En Egipto, los arqueólogos encontraron guantes de lino en la tumba del Rey Tutankamón. Los inviernos Egipcios eran fríos y durante esta época se usaban guantes.

kefafot
(Keh-fah-FOHT)
כְּפָפוֹת
guantes

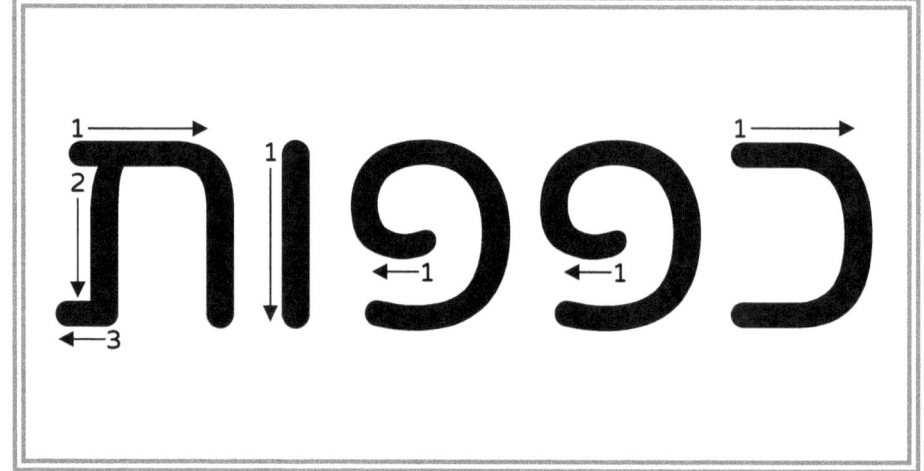

 ¡Vamos a escribir!

Practica escribiendo esta palabra hebrea en las líneas de abajo.

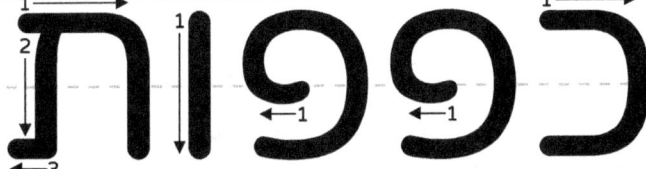

Prueba hacerlo por tu cuenta.
Recuerda que el Hebreo se lee de DERECHA a IZQUIERDA.

✶ Tza'if ✶

La palabra hebrea para bufanda es tza'if. En los tiempos de la Biblia, los soldados Romanos usaban pantalones cortos bajo un tipo de falda y una bufanda alrededor del cuello.

tza'if
(Tsah-EEF)

צָעִיף

bufanda

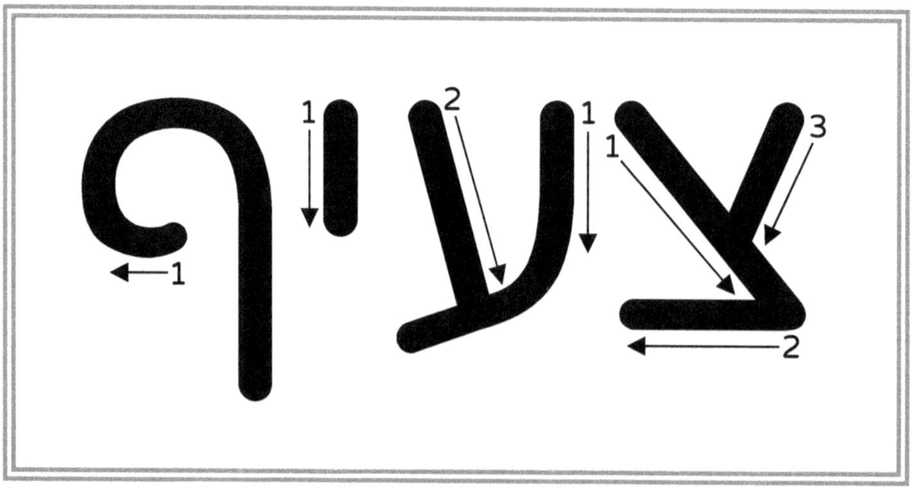

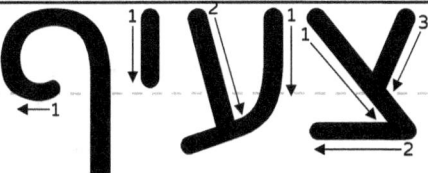

¡Vamos a escribir!

Practica escribiendo esta palabra hebrea en las líneas de abajo.

צָעִיף

צָעִיף

Prueba hacerlo por tu cuenta.
Recuerda que el Hebreo se lee de DERECHA a IZQUIERDA.

✦ Me'il ✦

La palabra hebrea para abrigo es me'il. En la Biblia, Jonatán (hijo del Rey Saúl) le dio a David su abrigo, junto con una espada y un cinturón. Jonatán y David eran muy buenos amigos (1 Samuel 18).

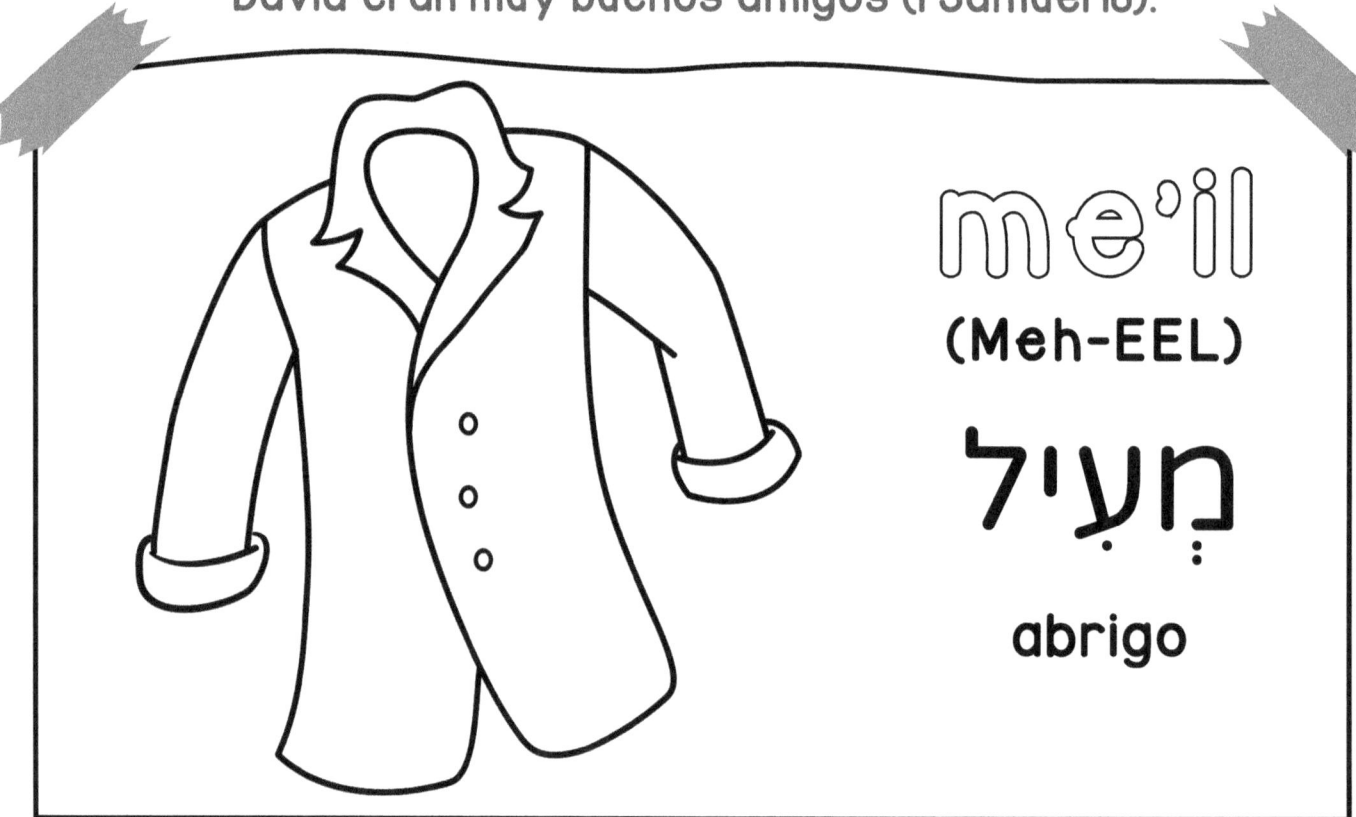

me'il
(Meh-EEL)

מְעִיל

abrigo

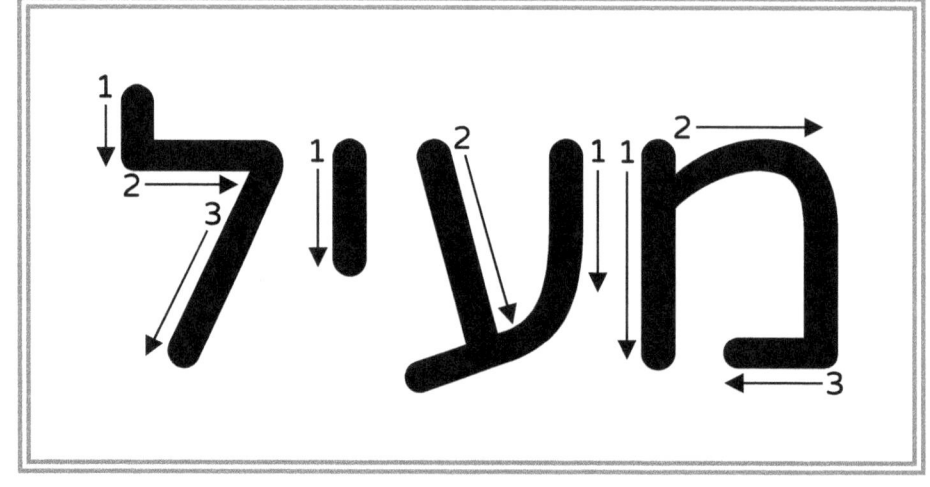

 # ¡Vamos a escribir!

Practica escribiendo esta palabra hebrea en las líneas de abajo.

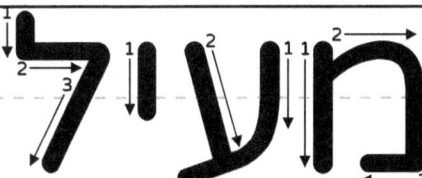

מעיל

Prueba hacerlo por tu cuenta.
Recuerda que el Hebreo se lee de DERECHA a IZQUIERDA.

Garbayim

La palabra hebrea para medias es garbayim. Los soldados Romanos a menudo usaban medias con sandalias. Cuando estaban lejos de casas, sus familias les enviaban paquetes con provisiones que incluían medias y mantos.

garbayim
(Gahr-BAH-yeem)

גַּרְבַּיִם

medias

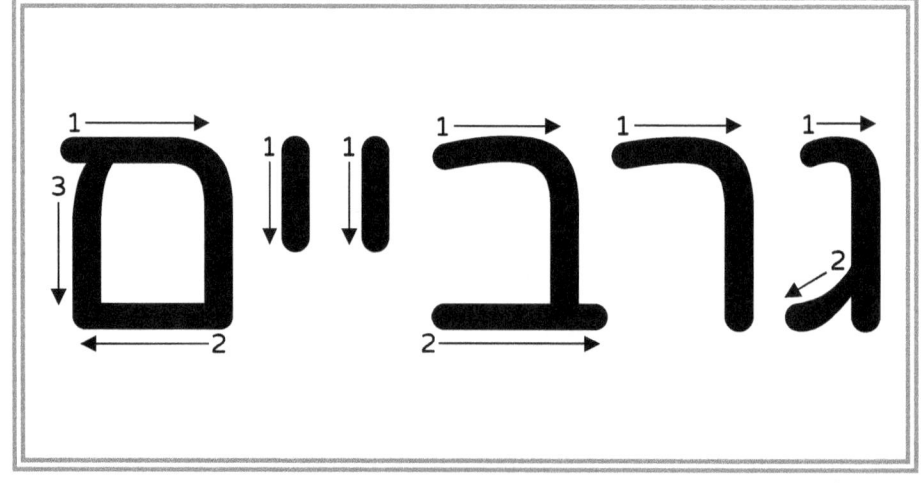

 # ¡Vamos a escribir!

Practica escribiendo esta palabra hebrea en las líneas de abajo.

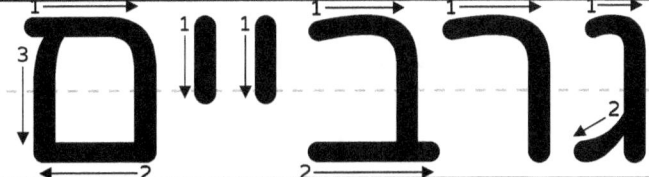

גרביים

Prueba hacerlo por tu cuenta.
Recuerda que el Hebreo se lee de DERECHA a IZQUIERDA.

Na'alayim

La palabra hebrea para zapatos es na'alayim. En el antiguo Israel, los hombres usaban sandalias cuando salían de sus casas. Usualmente, estas sandalias estaban hechas de cuero, y se ataban con tiras.

na'alayim
(Nah-ah-LAH-yeem)
נַעֲלַיִם
zapatos

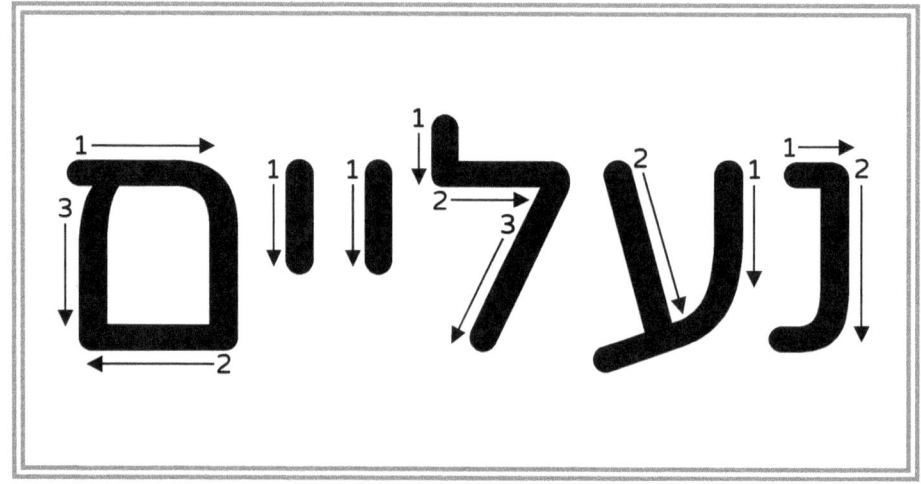

¡Vamos a escribir!

Practica escribiendo esta palabra hebrea en las líneas de abajo.

נעליים

נעליים

Prueba hacerlo por tu cuenta.
Recuerda que el Hebreo se lee de DERECHA a IZQUIERDA.

Magafayim

La palabra hebrea para botas es magafayim. Durante la ocupación Romana, algunos Hebreos usaban el mismo calzado que los Romanos. Esto incluía zapatos hechos con lino o cuero.

magafayim
(Mah-gah-FAH-yeem)

מַגָּפַיִם

botas

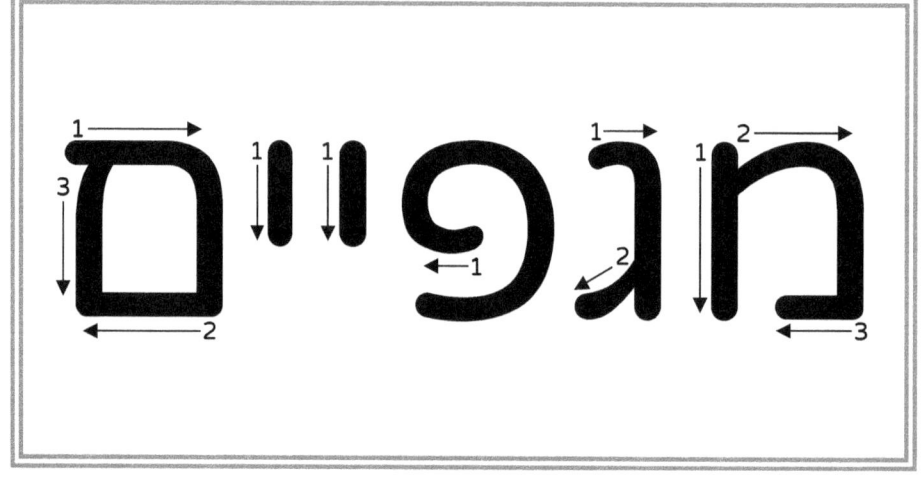

¡Vamos a escribir!

Practica escribiendo esta palabra hebrea en las líneas de abajo.

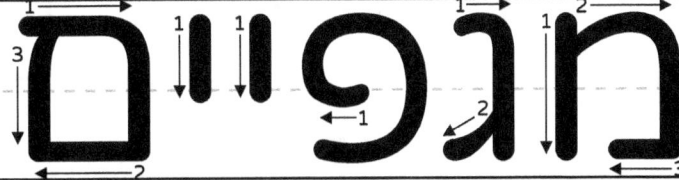

Prueba hacerlo por tu cuenta.
Recuerda que el Hebreo se lee de DERECHA a IZQUIERDA.

✦ Zaket ✦

La palabra hebrea para chaqueta es zaket. Los antiguos Israelitas no tenían chaquetas como las que tenemos hoy en día. En lugar de eso, usaban un chal sobre sus túnicas o un manto hechos de lana o lino.

zaket
(ZAH'KEHT)

זָ'קֶט

chaqueta

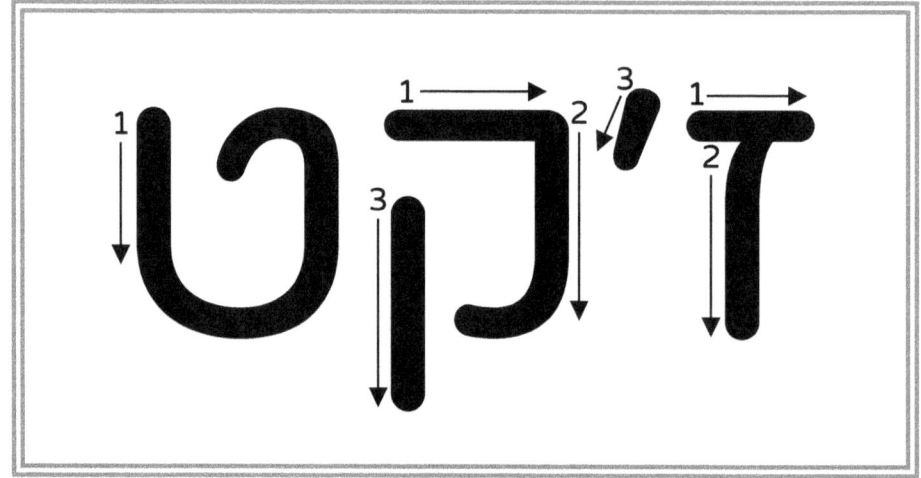

¡Vamos a escribir!

Practica escribiendo esta palabra hebrea en las líneas de abajo.

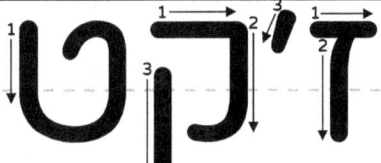

ז'קט

Prueba hacerlo por tu cuenta.
Recuerda que el Hebreo se lee de DERECHA a IZQUIERDA.

✦ Gines ✦

La palabra hebrea para pantalones de mezclilla es gines. En los tiempos de la Biblia, los Romanos que vivían en las partes más frías del Imperio Romano usaban pantalones debajo de sus túnicas para mantenerse las piernas calientes.

gines
(GEE'YNS)

גְ'ינָס

pantalones de mezclilla

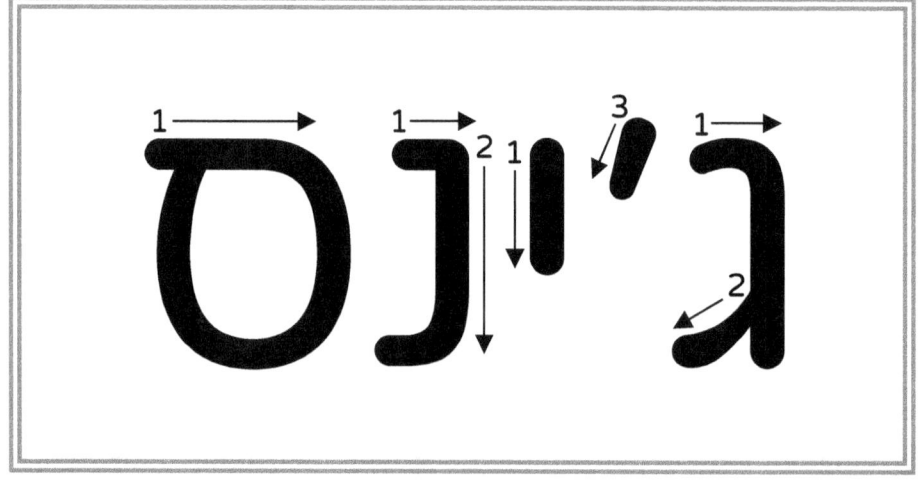

¡Vamos a escribir!

Practica escribiendo esta palabra hebrea en las líneas de abajo.

ג׳ינס

ג׳ינס

Prueba hacerlo por tu cuenta.
Recuerda que el Hebreo se lee de DERECHA a IZQUIERDA.

✦ Simlah ✦

La palabra hebrea para vestido es simlah. En el antiguo Israel, las mujeres se vestían con batas largas hasta los tobillos. Las túnicas de los hombres llegaban a las rodillas y se ajustaban con una pretina (cinturón).

simlah
(Seem-LAH)

שִׂמְלָה

vestido

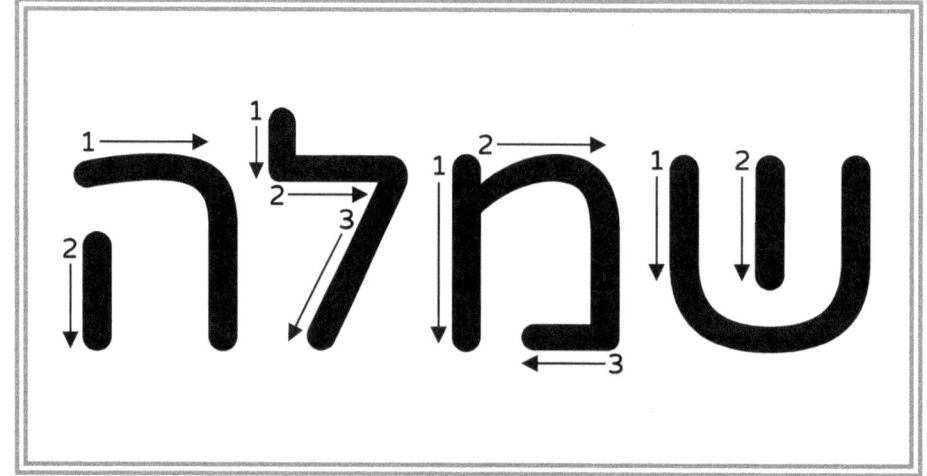

 # ¡Vamos a escribir!

Practica escribiendo esta palabra hebrea en las líneas de abajo.

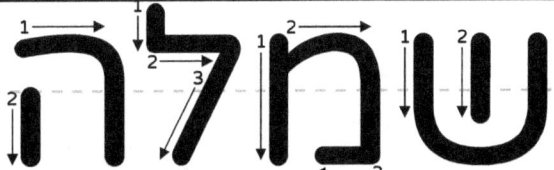

Prueba hacerlo por tu cuenta.
Recuerda que el Hebreo se lee de DERECHA a IZQUIERDA.

✶ Gufiyah ✶

La palabra hebrea para camiseta es gufiyah. En tiempos de la Biblia, los niños Israelitas usaban una camisa de lino o lana bajo sus túnicas. La lana de los Israelitas provenía de ovejas o cabras.

gufiyah
(Goo-fee-YAH)

גּוּפִיָּה

camiseta

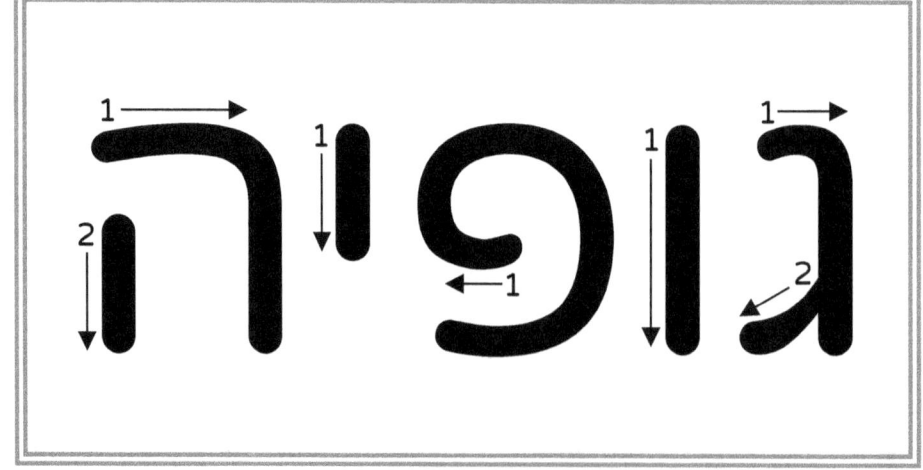

¡Vamos a escribir!

Practica escribiendo esta palabra hebrea en las líneas de abajo.

גופיה

גופיה

Prueba hacerlo por tu cuenta.
Recuerda que el Hebreo se lee de DERECHA a IZQUIERDA.

Pigamah

La palabra hebrea para pijama es pigamah.
Los Israelitas no usaban pijamas; en lugar de eso,
se cubrían con un manto externo cuando se iban a dormir.

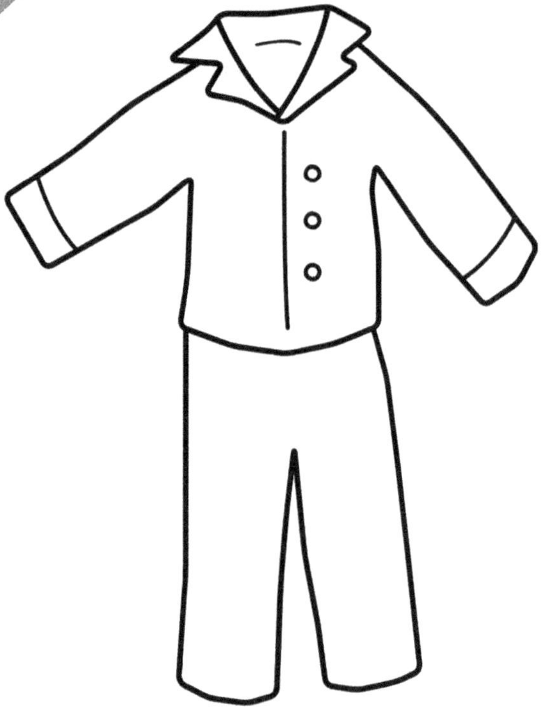

pigamah
(Pee-GAH'MAH)

פִּיגָ'מָה

pijama

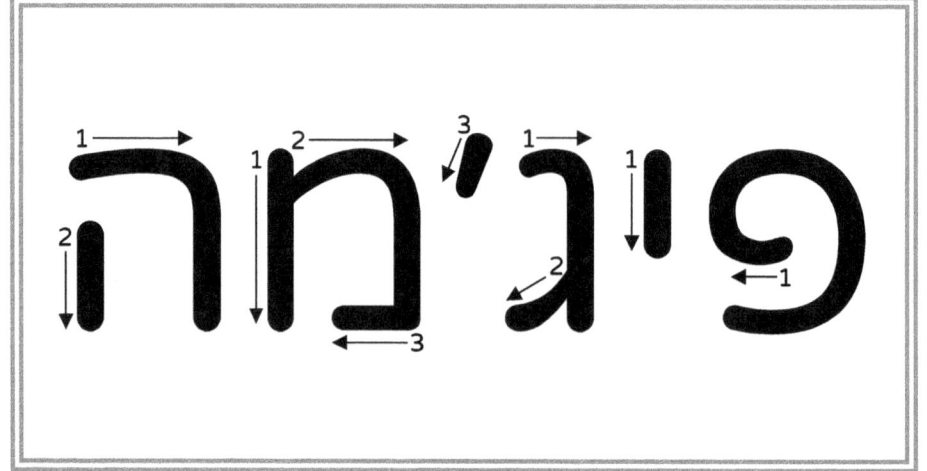

¡Vamos a escribir!

Practica escribiendo esta palabra hebrea en las líneas de abajo.

פיג'מה

פיג'מה

Prueba hacerlo por tu cuenta.
Recuerda que el Hebreo se lee de DERECHA a IZQUIERDA.

✦ Jatza'it ✦

La palabra hebrea para falda es jatza'it. Entre los años 900-600 a.C., los Israelitas usaban pecheras con o sin mangas (un manto) con flecos y borlas sobre sus faldas o túnicas largas.

jatza'it
(Chah-tsah-EET)

חֲצָאִית

falda

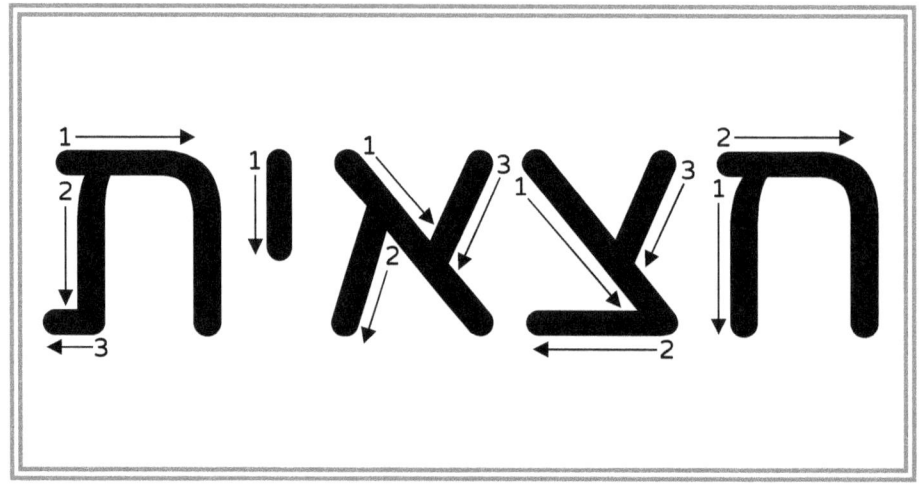

 # ¡Vamos a escribir!

Practica escribiendo esta palabra hebrea en las líneas de abajo.

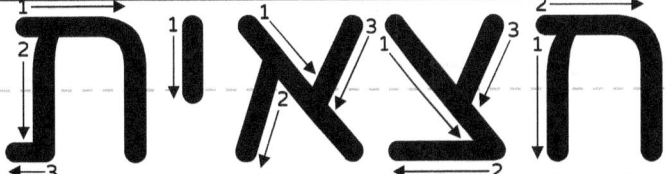

Prueba hacerlo por tu cuenta.
Recuerda que el Hebreo se lee de DERECHA a IZQUIERDA.

Vest

La palabra hebrea para chaleco es vest. El Sumo Sacerdote usaba un chaleco especial con dos piedras de ónice en los hombros. En esas piedras estaban escritos los nombres de las doce tribus de Israel.

vest
(VEHST)

וֶסְט

chaleco

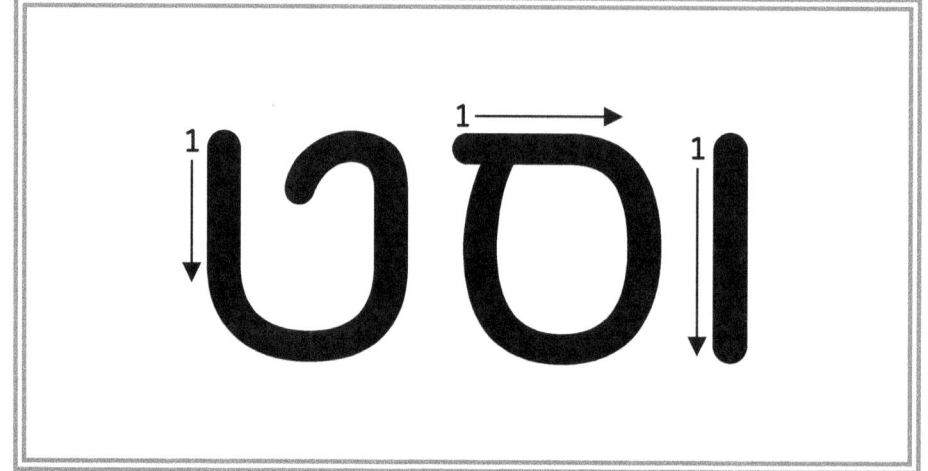

¡Vamos a escribir!

Practica escribiendo esta palabra hebrea en las líneas de abajo.

נַס

נַס

Prueba hacerlo por tu cuenta.
Recuerda que el Hebreo se lee de DERECHA a IZQUIERDA.

✦ Seveder ✦

La palabra hebrea para suéter es seveder. Para mantenerse calientes, las mujeres Romanas usaban un chal largo llamado palla. Se envolvían en este cuando salían fuera de sus casas.

seveder
(Seh-VEH-dehr)

סְוֶדֶר

suéter

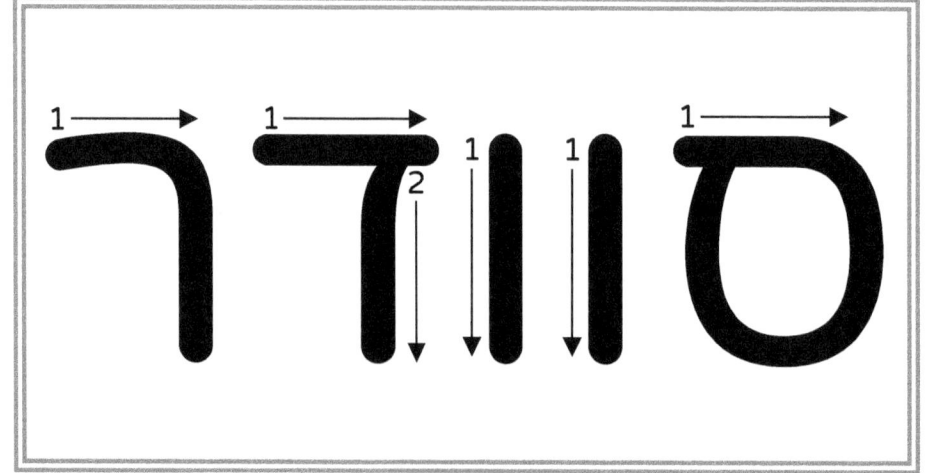

¡Vamos a escribir!

Practica escribiendo esta palabra hebrea en las líneas de abajo.

סוודר

סוודר

Prueba hacerlo por tu cuenta.
Recuerda que el Hebreo se lee de DERECHA a IZQUIERDA.

✦ Kardigan ✦

La palabra hebrea para cárdigan es kardigan. Durante los tiempos de la Biblia, las mujeres Griegas usaban una pieza cuadrada de tela (peplos) sobre sus túnicas. Parte de la tela iba sujetada a ambos hombros, dejando la tela abierta de un lado.

kardigan
(Kahr-dee-GAHN)
קַרְדִּיגָן
cárdigan

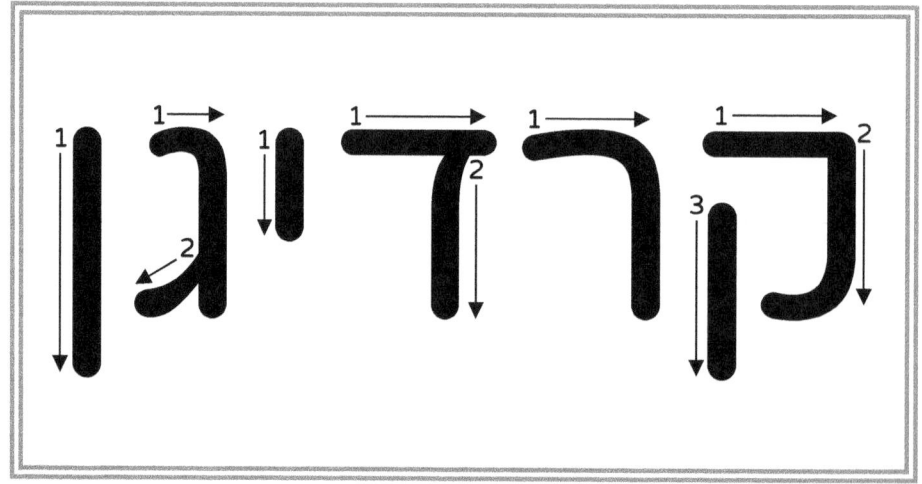

¡Vamos a escribir!

Practica escribiendo esta palabra hebrea en las líneas de abajo.

קרדיגן

קרדיגן

Prueba hacerlo por tu cuenta.
Recuerda que el Hebreo se lee de DERECHA a IZQUIERDA.

Jultzah

La palabra hebrea para camisa es jultzah.
En el antiguo Israel, los hombres usaban una prenda
interior larga y simple con mangas. Se le llamaba
kethōneth y se usaba justo sobre la piel.

jultzah
(Chool-TSAH)

חֻלְצָה

camisa

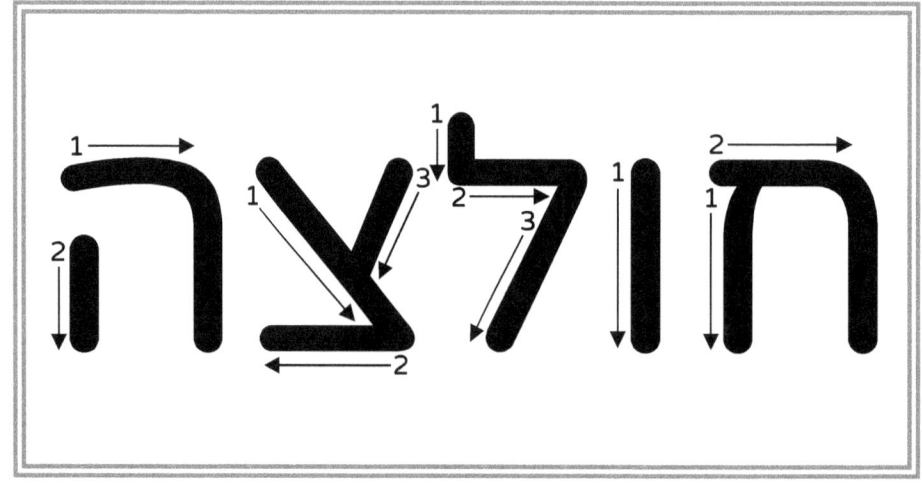

¡Vamos a escribir!

Practica escribiendo esta palabra hebrea en las líneas de abajo.

חולצה

חולצה

Prueba hacerlo por tu cuenta.
Recuerda que el Hebreo se lee de DERECHA a IZQUIERDA.

✦ Jultzat Ti ✦

La palabra hebrea para playera o remera es jultzat ti. Los antiguos Israelitas usaban una túnica llamada halug. Estaba hecha con dos piezas de tela con un agujero para la cabeza y dos agujeros para los brazos. Se usaba con un cinturón.

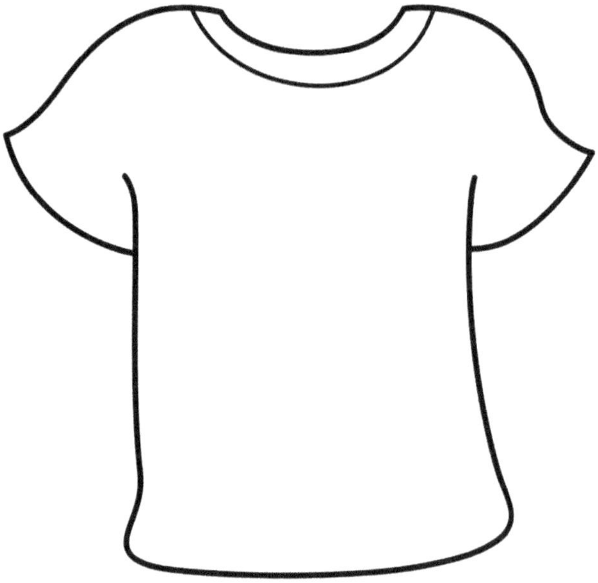

jultzat ti
(Chool-TSAHT TEE)

חֻלְצַת טִי

playera

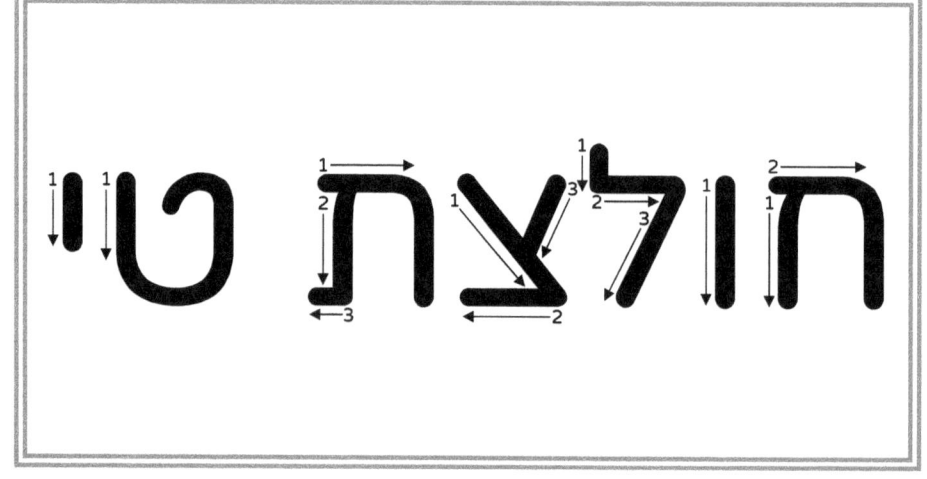

¡Vamos a escribir!

Practica escribiendo esta palabra hebrea en las líneas de abajo.

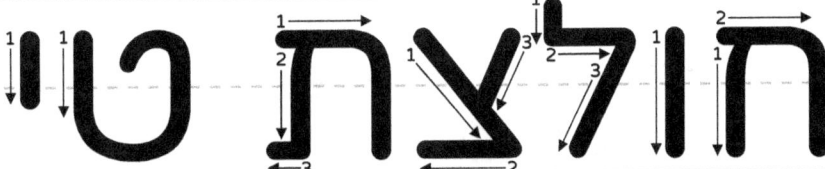

Prueba hacerlo por tu cuenta.
Recuerda que el Hebreo se lee de DERECHA a IZQUIERDA.

Mijnasayim

La palabra hebrea para pantalón es mijnasayim. Los sacerdotes Israelitas usaban un par de pantalones especiales de lino bajo sus túnicas. Los pantalones iban desde la cintura hasta las rodillas (Éxodo 28:42).

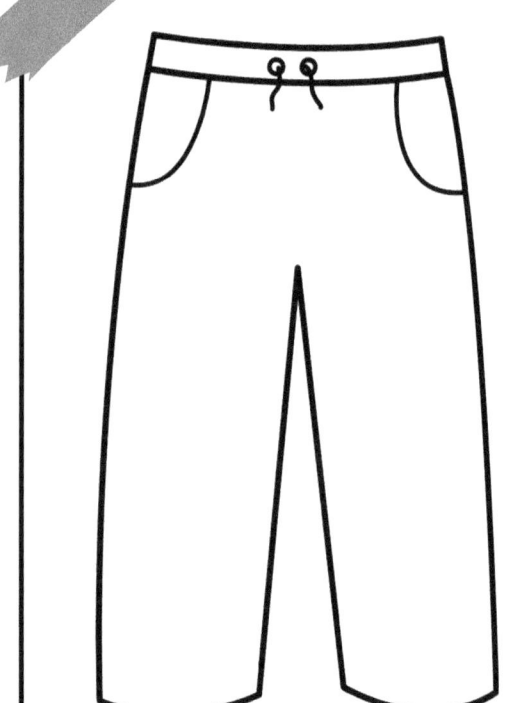

mijnasayim
(Meech-nah-SAH-yeem)

מִכְנָסִים

pantalón

¡Vamos a escribir!

Practica escribiendo esta palabra hebrea en las líneas de abajo.

מכנס"ם

מכנס"ם

Prueba hacerlo por tu cuenta.
Recuerda que el Hebreo se lee de DERECHA a IZQUIERDA.

Jagorah

La palabra hebrea para cinturón es jagorah. En los tiempos de la Biblia, los Israelitas envolvían sus cinturas con un cinturón (o pretina) para sostener sus ropas. Usualmente estaba hecho de cuero, lino o lana.

jagorah
(Chah-gosh-RAH)

חֲגוֹרָה

cinturón

¡Vamos a escribir!

Practica escribiendo esta palabra hebrea en las líneas de abajo.

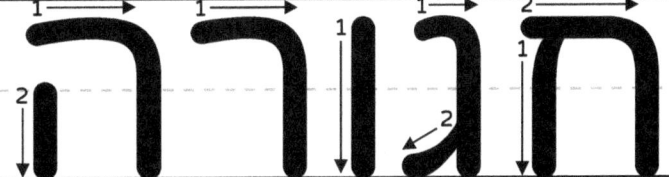

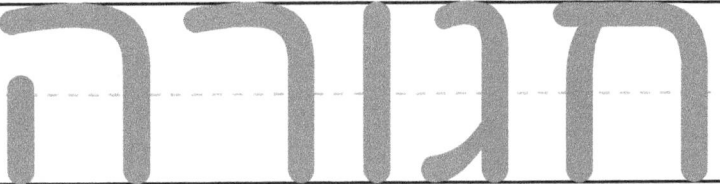

Prueba hacerlo por tu cuenta.
Recuerda que el Hebreo se lee de DERECHA a IZQUIERDA.

Beged Yam

La palabra hebrea para traje de baño es beged yam. Las personas usan trajes de baño cuando nadan o bucean. En los tiempos de la Biblia, las mujeres Romanas usaban unas prendas que se parecían a los bikinis de hoy en día cuando se ejercitaban.

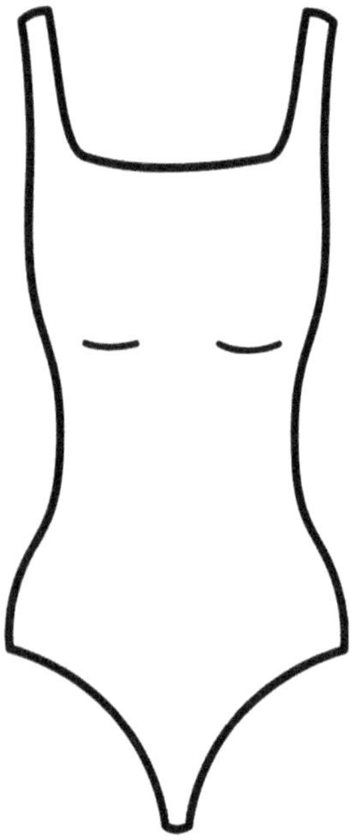

beged yam
(BEH-gehd YAHM)

בֶּגֶד יָם

traje de baño

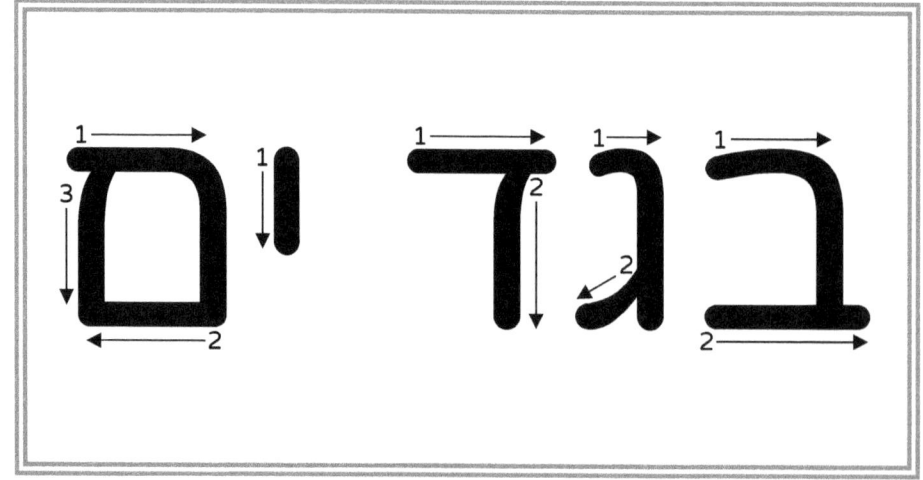

¡Vamos a escribir!

Practica escribiendo esta palabra hebrea en las líneas de abajo.

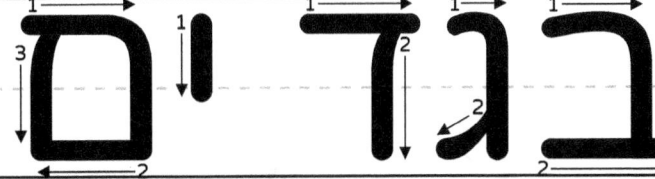

Prueba hacerlo por tu cuenta.
Recuerda que el Hebreo se lee de DERECHA a IZQUIERDA.

Anivah

La palabra hebrea para corbata es anivah. Una corbata es una pieza larga de tela que usualmente los hombres utilizan en el cuello. ¡Las corbatas pueden ser de muchos estilos y colores!

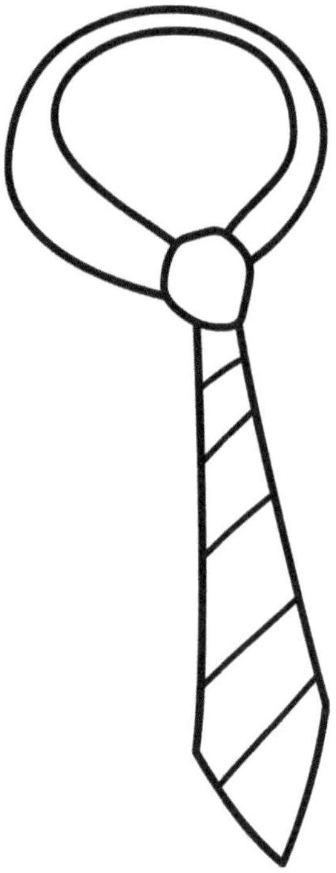

anivah

(Ah-nee-VAH)

עֲנִיבָה

corbata

עניבה

 # ¡Vamos a escribir!

Practica escribiendo esta palabra hebrea en las líneas de abajo.

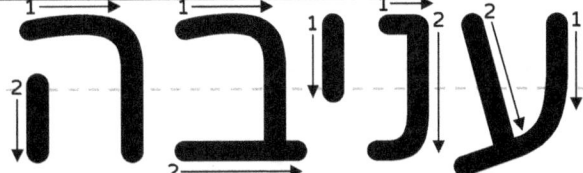

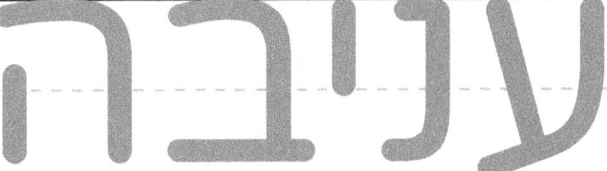

Prueba hacerlo por tu cuenta.
Recuerda que el Hebreo se lee de DERECHA a IZQUIERDA.

✶ Sari ✶

La palabra hebrea para sari es sari. Un sari es una pieza de tela colorida con la que las mujeres envuelven sus cuerpos. Lo usan las mujeres que viven en India, Bangladesh, Nepal y Sri Lanka.

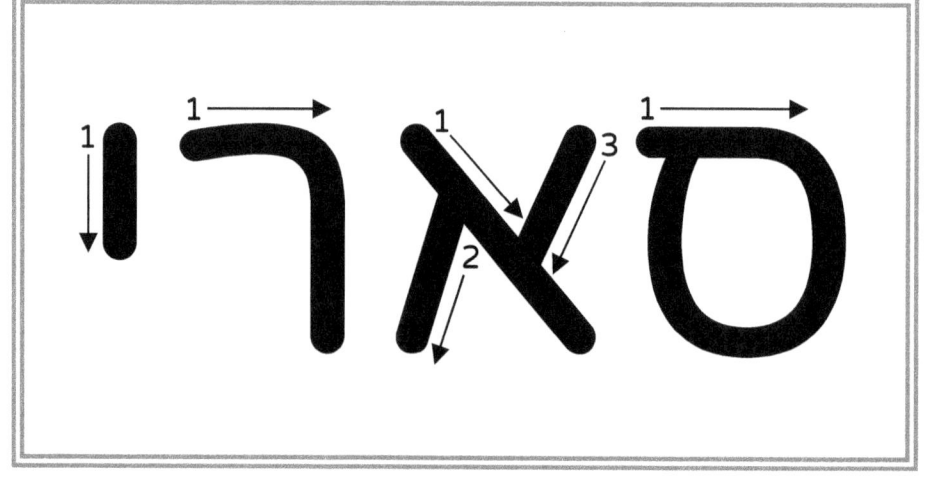

sari

(Sah-REE)

סָארִי

sari

 # ¡Vamos a escribir!

Practica escribiendo esta palabra hebrea en las líneas de abajo.

סאר׳

סאר׳

Prueba hacerlo por tu cuenta.
Recuerda que el Hebreo se lee de DERECHA a IZQUIERDA.

Traza las palabras

Traza las palabras. Colorea las imágenes.

Traza las palabras

Traza las palabras. Colorea las imágenes.

Traza las palabras

Traza las palabras. Colorea las imágenes.

🌿 Traza las palabras 🌿

Traza las palabras. Colorea las imágenes.

🌿 Traza las palabras 🌿

Traza las palabras. Colorea las imágenes.

Traza las palabras

Traza las palabras. Colorea las imágenes.

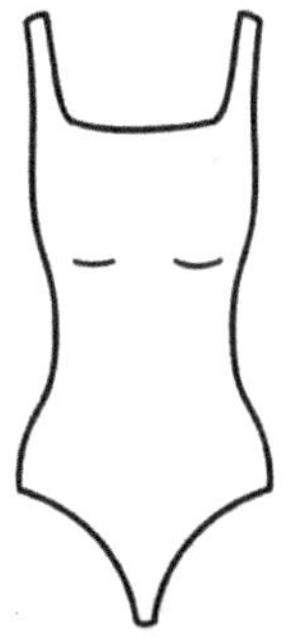

	בֶּגֶד יָם
	עֲנִיבָה
	סָארִי

TARJETAS DIDÁCTICAS

Tarjetas didácticas

¡Recorta las tarjetas didácticas y pégalas en tu casa o salón de clases!

גרביים

Garbayin / Medias

5

נעליים

Na'alayim / Zapatos

6

מגפיים

Magafayim / Botas

7

ז'קט

Zaket / Chaqueta

8

ג'ינס

Gines / Pantalones de mezclilla

9

שמלה

Simlah / Vestido

10

גופיה

Gufiyah / Camiseta

11

פיג'מה

Pigamah / Pijama

12

חולצה  **Jultzah / Camisa** 17	חולצת טי  **Jultzat Ti / Playera** 18
מכנסיים 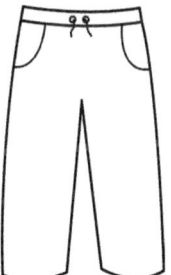 **Mijnasayim / Pantalón** 19	חגורה 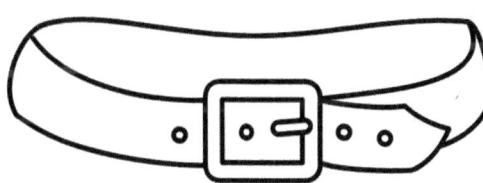 **Jagorah / Cinturón** 20

Descubre más Libros de Actividades

Disponibles para comprar en shop.biblepathwayadventures.com

¡DESCARGA INSTANTÁNEA!

Libro de Actividades de la Porción Semanal de la Torá
Libro de Actividades Limpios e Inmundos
Libro de Actividades Festivos de Primavera
Aprendiendo Hebreo: El Alfabeto
Aprendiendo Hebreo: Animales
Aprendiendo Hebreo: En la Casa
Aprendiendo Hebreo: ¡Vamos a comer!
Libro de Actividades de 100 Cuestionarios de la Biblia

www.ingramcontent.com/pod-product-compliance
Lightning Source LLC
LaVergne TN
LVHW060336080526
838202LV00053B/4485